LE MARQUIS. Le maître d'école du village.

SUZANNE, *se rengorgeant.* Instituteur... oui, monsieur. Il est allé donner des leçons en ville, et j'ose dire qu'il n'y en a pas deux comme lui dans le duché de Ferrare, pour l'instruction, les quatre règles, les bonnes mœurs, et la bâtarde,

MARINI. Vous êtes sa gouvernante?

SUZANNE. Dame de compagnie, oui, monsieur.

LE MARQUIS, *cherchant à se rappeler.* Bambetto !.. j'ai quelqu'idée... n'est-il pas aussi écrivain public?

SUZANNE. Homme de lettres, oui, monsieur; c'est lui qui rédige toutes les demandes, placets, pétitions... c'est son fort.

Air de Marianne.

Il en a tant fait pour son compte,
Des chefs-d'œuvre... c'était moulé.
Mais à la cour c'est une honte,
On n'en a pas encore parlé.

MARINI.

C'est que peut-être
Votre cher maître,
Omit parfois,
De leur donner du poids.
C'est nécessaire,
Le secrétaire
Y tient.

SUZANNE.

Eh bien !
Quel est donc le moyen?

MARINI.

C'est de joindre une piastre forte.
Pour fixer la pétition;
Car sans cette précaution,
Un coup de vent l'emporte.

SUZANNE, *entre ses dents.* Une piastre... il faudrait l'avoir.

LE MARQUIS. Vous oubliez nos manteaux.

SUZANNE. J'y vais, messieurs, j'y vais. (*A part, tâtant les manteaux.*) Figures distinguées, drap superfin !.. Si ceux-là avaient besoin de pétitions !.. nous n'avons rien gagné du mois, et nous sommes au vingt-sept.
(*Elle sort par la droite en faisant plusieurs révérences.*)

SCÈNE II.

MARINI, LE MARQUIS.

LE MARQUIS. Enfin, la voilà partie !.. Puisque l'orage a dispersé la chasse, autant causer ici qu'ailleurs. (*Se tournant vers Marini.*) Eh bien! Marini, tu as donc reçu ma lettre?

MARINI, *s'inclinant.* A Florence, où j'étais déjà... Mais, monseigneur, qu'est-il donc arrivé?

LE MARQUIS. Ce que je redoutais le plus.

MARINI. Le prince est marié?

LE MARQUIS. Pas encore; mais on a presque arraché son consentement.

MARINI. Ah! diable!

LE MARQUIS. Et si ce mariage a lieu, mes projets sont ruinés. L'infante de Parme a, dit-on, de l'esprit... elle prendrait une influence sur son époux... Songe donc que de petit marquis de Castelli devenu en six mois favori, chambellan, premier ministre... je suis entouré d'envieux.

MARINI. J'entends; mais si nous laissons périr le prince du chagrin secret qui le mine... adieu le portefeuille.

LE MARQUIS. Sa langueur tient à d'autres causes que je connais, et que le temps effacera. Des souvenirs de notre campagne de Naples, lorsque, jeunes tous deux, nous courions les aventures sous des noms inconnus.

MARINI. Quelque victime, quelque Ariane abandonnée?

LE MARQUIS. A peu près... Revenons à ce mariage : c'est demain qu'il se décide.

MARINI. Un diplomate trouverait d'ici là mille prétextes pour le rompre. N'avez-vous pas, dans quelque traité de paix, des motifs de faire la guerre?

LE MARQUIS. Il y en a toujours, mais il faudrait chercher.

MARINI. Le deuil du prince?

LE MARQUIS. Vient de finir.

MARINI. Alors les grands moyens; il faut le rendre amoureux d'une autre.

LE MARQUIS. J'y avais songé; mais prenons garde ; je ne veux pas de grande dame, ce serait tout aussi dangereux; elle voudrait gouverner, me remplacer...

Air : Abonnés de l'Opéra-Comique.

Oui je puis si la lutte s'engage,
Être renversé poliment ;
Une maitresse a bien de l'avantage,
Elle peut choisir le moment,
Malgré mes soins, malgré ma vigilance,
Je ne suis point là jour et nuit...
Et par malheur son empire commence
Aussitôt que le mien finit.

MARINI. Du tout, une petite fille obscure, sans fortune, sans entourage; j'ai notre affaire.

LE MARQUIS. Déjà !...

MARINI. Un véritable phénix, un prodige de grâce, de gentillesse, dix-huit à dix-neuf ans,

LE MARQUIS. Très-bien.

MARINI. Des yeux...

LE MARQUIS. Et de l'esprit?

MARINI. Une jolie figure en a toujours assez.

LE MARQUIS. Où diable as-tu vu ce prodige?

MARINI. A une lieue d'ici, dans une petite auberge; car elle voyage modestement à pied.

LE MARQUIS. Tant mieux.

MARINI. J'ai causé un moment avec elle, et j'ai su qu'elle se rendait dans ce hameau où elle a, je crois, quelques parens.

LE MARQUIS. Un amour pastoral... c'est ce qu'il nous faut; mais comment la décider?

MARINI. Je m'en charge.

LE MARQUIS. Toi?

MARINI. Dès ce soir elle sera à Ferrare.

LE MARQUIS. Si tu réussis, ta récompense est prête.

MARINI. Faites seulement préparer un appartement, des parures, des bijoux; il ne serait pas mal non plus de m'envoyer une de vos voitures.

LE MARQUIS. A quoi bon?

MARINI. Pour éblouir cette petite et imposer à ces bons paysans. (*Il fait quelques pas pour sortir et revient.*) Ah! j'oubliais.

LE MARQUIS. Quoi donc?

MARINI. Pour mieux nous emparer de l'esprit du prince, il est indispensable aussi de l'entourer de distractions... les bals, les fêtes, les spectacles...

LE MARQUIS. J'ai tout prévu pour dissiper sa tristesse habituelle; j'ai même demandé quelques-uns de ces plaisans de profession qui tiennent lieu aujourd'hui de ces espèces de fous si fort à la mode autrefois, et dont l'emploi était de faire rire les grands.

MARINI. Des bouffons?

LE MARQUIS. Oui, j'en ai fait demander plusieurs; c'est une charge que je veux rétablir.

AIR *de Mazaniello.*

Je ne sais pas si je m'abuse,
Mais je crois qu'il m'en saura gré.
Je veux qu'il rie et qu'il s'amuse.

MARINI.

Moi, je veux qu'il soit adoré.
Ainsi tous deux, à son altesse,
Nous rendrons bonheur et santé;
Je lui fournirai la tendresse,
Vous lui fournirez la gaîté.

Chut! c'est la vieille.

SCÈNE III.

LES MÊMES, SUZANNE, *portant les manteaux.*

SUZANNE. Messieurs, voici vos manteaux. (*A part.*) Ça m'a coûté mon dernier fagot; mais c'est égal.

LE MARQUIS, *s'enveloppant du sien.* Très bien; l'orage s'est calmé... je pars... tu donneras un ducat à cette bonne femme.

SUZANNE, *à part.* Un ducat!

MARINI, *bas.* N'oubliez pas la voiture.

LE MARQUIS, *bas.* Dans deux heures elle sera ici; adieu, je cours rejoindre le prince.
(Il sort par le fond.)

SCÈNE VI.

SUZANNE, MARINI.

SUZANNE, *à part.* Un ducat!.. ce sont des seigneurs. (*Haut, et présentant le manteau à Marini.*) Monsieur, veut-il que je l'aide?

MARINI. Un moment, ma bonne. (*A part.*) Il faut savoir maintenant à qui appartient ma jeune inconnue. (*Haut.*) Je suis chargé de distribuer des secours aux familles nombreuses; vous en avez beaucoup ici. Comment appelez-vous, par exemple, un de vos voisins, un brave homme, qui attend aujourd'hui un de ses enfans?

SUZANNE. Ah! le meunier Géronimo qui fait revenir sa fille?

MARINI. Sa fille... oui, ça doit être ça; une jolie figure?

SUZANNE. Charmante.

MARINI. Des yeux noirs?

SUZANNE. Justement... qui revient de sevrage.

MARINI, *étonné.* Hein!...

SUZANNE. Et qui aura deux ans à la saint Martin... un nourrisson superbe.

MARINI, *à part.* Au diable!

SUZANNE. On voit que monsieur aime les enfans; mais voilà maître Huguo qui vous donnera tous les renseignemens...
(Elle va au devant de lui.)

MARINI. J'en ai assez comme cela; il vaut mieux m'informer dans le village.
(Il traverse le théâtre, va prendre son manteau et se dispose à sortir.)

SCÈNE V.

LES MÊMES, MAITRE HUGUO, *avec des papiers sous son bras et dans ses poches* (1).

SUZANNE, *de loin, à maître Huguo.* Arrivez donc!.. Oh! que la science marche lentement !

MAITRE HUGUO, *entrant.* Dam! il ne faut pas que la science se casse les jambes! j'étais en train de composer mon plan de finances.

SUZANNE, *bas.* Il s'agit bien de faire des plans de finances quand on n'a pas le sou; vous en parlez comme un aveugle des... Tenez, voilà quelqu'un qui a besoin de vous.

MAITRE HUGUO, *sans regarder Marini.* Un jeune homme qui veut apprendre à lire? Avancez, mon petit ami.

SUZANNE, *bas.* Qu'est-ce que vous dites donc?

MAITRE HUGUO, *le regardant.* Ah! pardon.

SUZANNE, *bas.* Tâchez au moins de gagner de quoi souper... car, excepté le ducat qu'il m'a promis, il n'y a rien à la maison.

MAITRE HUGUO, *allant à Marini* (2). Ah! diable! (*Haut.*) Enchanté, monsieur...

MARINI, *voulant s'esquiver.* Pardon... Je suis un peu pressé.

MAITRE HUGUO, *le retenant.* C'est l'affaire d'une minute.

SUZANNE. Monsieur désirait ..

MAITRE HUGUO. Me confier ses enfans?

MARINI. Je n'en ai pas.

MAITRE HUGUO. J'entends; c'est pour demander une place.

MARINI. J'en ai deux.

MAITRE HUGUO. Je vois... alors, c'est pour une troisième. (*A Suzanne.*) Donne-moi du grand papier. (*A Marini.*) Vous l'obtiendrez, monsieur; jamais mes pétitions m'ont manqué leur effet.

MARINI, *avec impatience.* Eh! monsieur, je n'en ai pas besoin... je puis parler au prince quand je veux.

MAITRE HUGUO. Quand vous voulez!... Ah! que vous êtes heureux... (*Tirant un papier de sa poche.*) Si vous étiez assez bon alors pour lui présenter cette petite demande.

MARINI. Comment?

MAITRE HUGUO. J'en ai toujours sur moi de toutes prêtes pour les occasions.

(1) Marini, Suzanne, maître Huguo.
(2) Marini, Huguo, Suzanne.

AIR : *Vandeville de l'Homme vert.*

Depuis vingt ans je sollicite,
Et sans avoir rien obtenu.

MARINI.

Quoi! vous dont la plume si vite
Fait placer le premier venu !..
Bon Dieu! quels temps sont donc les nôtres !
Comment n'avez-vous pas d'emploi !

MAITRE HUGUO.

J'en ai tant fait donner aux autres,
Qu'il n'en est pas resté pour moi.

Et puis, je ne sais pas comment ça se fait... aucune de mes pétitions ne peut arriver jusqu'à Son Altesse.

MARINI, *à part.* Celle-ci ira avec les autres. (*Haut.*) Je m'en charge.

MAITRE HUGUO. Est-il possible !

MARINI, *la mettant dans sa poche.* C'est comme si le prince l'avait lue.

MAITRE HUGUO. Ah! monsieur... si vous vouliez vous rafraîchir... je vais vous expliquer en deux mots...

MARINI, *à part.* Ah bien oui!

MAITRE HUGUO. Suzanne, donne-nous.

SUZANNE, *bas.* Il n'y a rien.

MAITRE HUGUO, *posant ses papiers sur la table.* Donne-nous des chaises.

SUZANNE, *allant prendre une chaise.* A la bonne heure.

MARINI, *à part.* Eh ! vite le moment est favorable, courons à la recherche de ma princesse.

(Il s'esquive par le fond.)

SCÈNE VI.

MAITRE HUGUO, SUZANNE.

MAITRE HUGUO, *apportant aussi une chaise.* Comme je vous disais, monsieur... Eh! bien ? où est-il donc?

SUZANNE, *interdite, et la chaise à la main.* Ah ! mon Dieu ! il est parti ! et avec mon ducat !

MAITRE HUGUO. Qu'est-ce que cela signifie.

SUZANNE. Que c'est un intrigant! Je m'en doutais.

MAITRE HUGUO. Allons, allons, te voilà déjà, ma bonne Suzanne... Toujours prompte à mal juger des autres!... Il faut croire que cet honnête homme était pressé...

SUZANNE. De m'emporter mon argent ?

MAITRE HUGUO. Ou de présenter ma pétition.

SUZANNE, *avec humeur, et prenant son tricot.* Oui votre pétition!... Vous n'aurez jamais rien.

MAITRE HUGUO. Pourquoi donc? quand on est désintéressé.. Si je désire des fonctions publiques, ce n'est pas à cause de ces misérables appointemens que l'on va toucher tous les premiers mois, quelquefois la veille... C'est ignoble! moi, je méprise l'argent.

SUZANNE. Et il vous le rend bien! car il ne paraît jamais chez vous.

MAITRE HUGUO, *sans l'écouter.* Mon but est bien plus glorieux, je veux consacrer à mon pays les instans que je dérobe à mon école. (*Rangeant près de la table.*) Le bonheur du genre humain; voilà mon rêve... Oui, Suzanne, tu me vois quelque fois comme ça, les bras croisés... tu crois que je ne pense à rien, eh bien, je pense au bonheur du genre humain? tu ne t'en es peut-être jamais occupée, toi, Suzanne, du bonheur du genre humain!.. Mais moi, depuis vingt ans que j'étudie la science des gouvernemens, tout en administrant le fouet à mes petits drôles, je sais ce qu'il faut pour la félicité des peuples, et je serais sûr de frapper juste.

SUZANNE, *prenant son rouet.* Oui, vous savez tout, et vous ne réussirez à rien; vous auriez bien mieux fait d'aller rejoindre autrefois votre beau-frère, à Naples.

MAITRE HUGUO, *se rasseyant.* Pour lui donner une charge de plus, n'est-ce pas?.. il n'avait que sa paie d'officier, trente ans de service, sa fille, et ses lettres de noblesse... c'était peu pour vivre! aussi, il est mort de faim noblement.

SUZANNE. Comme vous scientifiquement.

MAITRE HUGUO. Pauvre Francesco! si du moins sa petite Paola était près de moi, ce serait une consolation!

SUZANNE. Il n'aurait manqué que cela! une petite fille qui disparait avec un jeune homme... qui en est abandonnée, et qui s'avise alors d'écrire à son bon oncle, pour venir le soigner.

MAITRE HUGUO. Dame! Suzanne... c'est ma nièce après tout; et ses fautes ne méritaient peut-être pas la réponse que tu m'as fait écrire... lui défendre de jamais se présenter devant moi! (*Il se lève*). Ce n'est pas bien, Suzanne.

SUZANNE, *vivement, et se levant.* Eh! mon Dieu! vous êtes encore à même de la faire venir... cela donnera un beau relief à une maison d'éducation, mais je n'y resterai pas une minute avec elle.

MAITRE HUGUO. Allons, veux tu te taire!... est-ce que je puis me passer de toi? quand tu ne m'as pas grondé dans la journée, il me semble qu'il me manque quelque chose. Laissons cela et mettons-nous à table.

SUZANNE. A table!

MAITRE HUGUO. Oui, la petite collation du soir.

SUZANNE. Je vous ai déjà dit qu'il n'y avait rien?

MAITRE HUGUO. Rien! Comment à ce point là! tu n'as donc pas été au marché!

SUZANNE. Avec quoi?

MAITRE HUGUO. Dam! avec ton panier! comme à l'ordinaire.

SUZANNE. On me refuse crédit.

MAITRE HUGUO. Eh! bien! alors, ma pauvre Suzanne...

AIR de Julie.

Armons-nous de philosophie
Puisqu'ici bas tout n'est qu'illusion:
On peut avoir tous les biens de la vie,
Sans qu'il vous en coûte un doublon.
Sur la table la plus modeste,
L'esprit fait voir pâté, faisan, perdreau...
Fermons les yeux, buvons de l'eau
Et tâchons de rêver le reste.

SUZANNE. Moi, monsieur, je ne rêve qu'en dormant.

MAITRE HUGUO. C'est ce que je voulais dire, Suzanne... Vas te coucher: dans les momens difficiles, c'est la base de l'économie domestique;(*allumant une bougie*) moi je vais travailler, et demain nous verrons... La providence a de grandes ressources, Suzanne, et au moment où l'on s'y attend le moins... (*On frappe à la porte du fond.*) Tiens, qu'est-ce que je te disais!... quelque voisin qui vient nous inviter à souper.

SUZANNE, *élevant la voix.* Qui est là?

UNE VOIX *en dehors.* Une pauvre fille, qui vous demande l'hospitalité.

SUZANNE, L'hospitalité!... là! voyez-vous?

MAITRE HUGUO. Eh bien! Suzanne, c'est toujours la providence qui l'envoie, il faut la recevoir.

SUZANNE. Quelque aventurière.. je n'ouvre pas.

MAITRE HUGUO. Allons... y vais.
(Il va ouvrir.

❈❈❈❈❈❈❈❈❈❈❈❈❈❈❈❈❈❈❈❈❈❈❈❈❈❈❈❈❈

SCÈNE VII.

LES MÊMES, PAOLA, *vêtue très simplement, avec un grand chapeau à l'italienne, et une petite pannetière suspendue de côté.*

MAITRE HUGUO (1). C'est une jeune fille.

____

(1) Suzanne, Paola, Maître Huguo.

Air *de Manette* (de M. Et. Thénard.)

> Pauvrette et timide.
> Voyageant sans guide.
> La nuit me décide,
> Je m'arrête ici.
> Mais à ma prière
> Chacun est contraire,
> Et je désespère
> D'avoir un abri !
> Quand à la richesse
> D'abord je m'adresse...
> La porte sans cesse,
> Se ferme aussitôt...
> Là, pour la misère,
> On ne peut rien faire :
> Mais une chaumière
> S'ouvrira plutôt.
> Car celui qui n'a rien,
> Oui celui qui n'a rien

Fait toujours ici bas, le plus de bien.

MAITRE HUGUO. Approchez, mon enfant, ne craignez rien, maître Huguo Bambetto n'a jamais refusé un asile.

PAOLA, *à part.* C'est lui ! (*Haut.*) Ah ! que vous êtes bon !

MAITRE HUGUO. Vous trouverez ici tout ce qui vous sera nécessaire. (*Montrant la chambre à gauche.*) Une petite chambre que j'avais fait disposer pour une nièce à moi.

PAOLA. Pour votre nièce !

SUZANNE, *avec aigreur.* Mais qu'elle n'habitera jamais.

MAITRE HUGUO. Ainsi vous ne dérangerez personne. (*Avec embarras et regardant Suzanne.*) Par exemple, je dois vous prévenir que vous arrivez un peu tard, pour souper... c'est une affaire faite.

SUZANNE. Hélas ! oui.

MAITRE HUGUO. Nous sommes gens d'habitude, voyez-vous... A six heures précises la nappe est enlevée, et sous aucun prétexte nous ne pouvons recommencer.

PAOLA. Oh ! je n'ai besoin de rien. (*Montrant sa pannetière.*) Je porte toujours avec moi mes petites provisions.

MAITRE HUGUO. C'est fort ingénieux.

PAOLA, *s'approchant de la table, à droite.* Quand on voyage à pied... vous permettez ?

(*Suzanne va s'asseoir auprès de la table à gauche.*)

MAITRE HUGUO (1). Comment donc!... Parce que nous n'avons plus faim... Il ne faut pas que cela vous empêche...

(*Paola tire de sa pannetière des fruits et un morceau de pain, qu'elle place sur la table à droite.*)

MAITRE HUGUO, *la regardant avec plaisir.* Cette chère enfant, elle avait préparé tout cela... c'est bien... ça annonce de l'ordre.

PAOLA, *à part, et le regardant aussi.*

(1) Paola, maître Huguo, Suzanne.

Comme il paraît indulgent et bon !.. Ah ! sans cette lettre si terrible, je serai tentée de me jeter à ses pieds.

MAITRE HUGUO, *la regardant manger.* Le repas est frugal... mais quand on a bien marché... Ah ! le beau pain !.. du pain magnifique ! d'une blancheur éblouissante... Regarde donc, Suzanne... ça fait plaisir à voir.

SUZANNE, *bas.* Ne parlez pas de ça, monsieur.

MAITRE HUGUO, *s'approchant.* C'est-à-dire que je n'en ai jamais vu de pareil.

PAOLA. Je viens cependant de l'acheter à l'entrée du village.

MAITRE HUGUO, *s'approchant davantage.* Comment! il a été fait ici!.. Eh bien ! on ne nous en donne jamais de semblable... Suzanne, il faudra changer de boulanger... Après ça, il n'a peut-être pas autant de saveur... (*Il casse un petit morceau, comme pour goûter.*) Délicieux!.. Bien meilleur que le nôtre... Goûtes-en donc un peu, Suzanne.

SUZANNE, *hésitant.* Moi, monsieur...je... je n'ai pas faim.

MAITRE HUGUO. Parbleu... ni moi, non plus... Mais c'est égal... c'est seulement pour juger.

PAOLA. Je vous en prie.

MAITRE HUGUO, *donnant un morceau de pain à Suzanne.* Tu auras soin de prendre l'adresse exacte. (*Il mange encore.*) C'est qu'il est excellent... Il faut même qu'il ait quelque propriété particulière : car, voilà que... j'ai presque aussi faim que si je n'avais pas soupé.

PAOLA, *avec empressement.* Il serait vrai !.. Ah ! que je suis heureuse de pouvoir vous offrir quelque chose.

(*Maître Huguo s'assied auprès de Paola.*)

MAITRE HUGUO. Vous êtes bien bonne ! C'est un caprice... (*A Suzanne qui s'est approchée de lui.*) Tiens, Suzanne... (*Lui donnant un morceau de pain.*) Sans en faire semblant... je parie que tu es comme moi... Mais il ne faut pas s'étouffer... As-tu du vin, là ? (*Susanne fait un signe de tête.*) Non ! tu as encore perdu la clé de la cave ! Tu n'en fais jamais d'autres !

PAOLA, *offrant ses fruits.* Ces fruits pourront y suppléer.

MAITRE HUGUO. Des oranges superbes... Au fait, pour une légère collation, il ne faut pas y regarder de si près. (*Il se lève, et présentant une orange à Suzanne.*) Tiens, Suzanne... une poire pour la soif. (*Bas.*) Quand je te le disais !

Air de *Céline.*
> Comme la providence est grande !..
> On fait bien d'être hospitalier. ..

Ce que le pauvre nous demande,
Elle est là pour nous le payer!..
Tu vois ce qu'un bienfait rapporte,
Si moins sensibles aujourd'hui...
(Montrant Paola.)
Nous l'avions laissé à la porte,
Le souper y restait aussi.
(Mordant dans son pain.)

Et c'eût été dommage... (*Haut.*) Ma foi, on a bien raison de dire que l'appétit vient en mangeant, il me semble que je dévore.

PAOLA. Que vous me faites plaisir d'en agir ainsi, sans façon, avec moi!

MAITRE HUGUO. C'est tout naturel, mon enfant, vous m'avez intéressé du premier moment que je vous ai vue... Vous venez de bien loin?

PAOLA, *hésitant.* Des environs de Naples.

SUZANNE. Et vous vous rendez à Ferrare?

MAITRE HUGUO. Pour y retrouver votre famille?

PAOLA, *baissant les yeux.* Hélas! je n'en ai plus.

MAITRE HUGUO. Pauvre petite!

PAOLA, *se levant* (1). Le seul parent qui me reste, refuse de me voir.

MAITRE HUGUO. C'est qu'il est riche sans doute! Et qu'allez-vous faire à Ferrare?

PAOLA. Solliciter la justice du grand-duc, car je n'ai plus d'espoir qu'en lui! Je suis bien malheureuse! aimée d'un jeune officier qui servait dans ses troupes...

MAITRE HUGUO. Ah! oui... lors de son expédition à Naples?

PAOLA. J'avais repoussé ses vœux; mais il m'offrit de m'épouser secrètement; je cédai, car je l'aimais autant que j'en étais chérie... j'étais heureuse alors, l'amour de mon mari semblait égaler le mien; mais hélas!.. au bout de huit jours, il me quitta, il partit et (*avec un soupir*) je ne l'ai plus revu.

SUZANNE. Il vous a abandonnée?

MAITRE HUGUO. L'ingrat!

PAOLA. Ah! ne l'accusez pas; j'appris bientôt qu'il était mort sous les murs de Gaëte.

MAITRE HUGUO. Ah! alors, il n'y a rien à lui dire.

SUZANNE, *allant à Paola qui pleure.* Pauvre enfant! déjà veuve à son âge!

MAITRE HUGUO. Sans appui, sans protecteur!.. Qu'est-ce que je dis donc? je puis faire quelque chose pour vous, moi! une pétition... vous avez tous les papiers?
(Suzanne entre dans la chambre à droite, et rentre un instant après tenant une chandelle allumée.)

PAOLA, *lui donnant ses papiers.* Je le crois; voici notre acte de mariage, celui

de mon père et puis une lettre d'un camarade de mon mari, qui nous avait servi de témoin, et qui m'annonce la mort de mon cher Frédéric.

MAITRE HUGUO, *les mettant dans sa poche.* Je lirai tout ça... Et son acte de décès?

PAOLA. On ne me l'a pas envoyé.

MAITRE HUGUO. Et cet ami?

PAOLA. Je ne l'ai pas revu.

MAITRE HUGUO. Quel est son grade?

PAOLA. Je l'ignore.

MAITRE HUGUO. Où est-il?

PAOLA. Je ne sais.

MAITRE HUGUO. Très-bien! J'aurais désiré des renseignemens un peu plus positifs, mais n'importe, je me charge de l'affaire, et demain, je vous conduirai moi-même à Ferrare.

PAOLA, *lui baisant la main.* Ah! monsieur!.. (*A part.*) Je n'y tiens plus, je vais tout lui avouer. (*S'arrêtant.*) Qui vient là?

SCÈNE VIII.

LES MÊMES, MARINI, *entrant par le fond.*

MARINI, *à part, et regardant Paola.* Mes gens avaient raison, c'est elle!

PAOLA, *à part* (1). Le voyageur de ce matin.

MAITRE HUGUO. C'est encore vous, mon cher monsieur?

MARINI, *regardant Paola à la dérobée.* Oui... j'avais oublié de... de donner à cette brave femme le ducat qui lui était promis.

SUZANNE, *tendant la main.* Ah! c'est un honnête homme.

MAITRE HUGUO. Laissez donc... je ne veux pas... Suzanne ne reçoit jamais que de moi.

SUZANNE, *à part.* Autant dire que je ne reçois de personne.

MARINI, *fouillant dans sa poche et regardant toujours Paola.* Et puis une bonne nouvelle que je vous apporte.
(Il donne un ducat à Suzanne.)

MAITRE HUGUO, *avec joie.* Au sujet de ma demande?..

MARINI, *saisissant son idée.* Précisément... Eh! mais je ne me trompe point, c'est ma jolie compagne de voyage!

MAITRE HUGUO. Comment! vous vous connaissez?

MARINI. Oui; nous nous sommes vus un moment.

PAOLA, *à part.* Les regards de cet homme me déplaisent!

___

(1) Maître Huguo, Paola, Suzanne.

(Suzanne, Marini, maître Huguo, Paola.)

MARINI, *s'approchant.* Et je me félicite...

PAOLA, *le saluant froidement.* Pardon, monsieur, vous avez à causer avec mon cher hôte.... et moi-même j'ai besoin de repos... je lui demanderai la permission de me retirer.

(Suzanne passe à gauche de Paola.)

MAITRE HUGUO. C'est juste... elle doit être fatiguée... Suzanne, conduis-la.

ENSEMBLE.

Air : *Ma frayeur augmente, etc.* (De *l'Oncle rival.*)

MAITRE HUGUO ET SUZANNE.
Livrez votre âme à l'espérance,
Et rêvez le sort le plus doux;
Ce toit protège l'innocence,
Dormez, je veillerai sur vous.

PAOLA, *à part.*
Livrons notre âme à l'espérance,
Après un accueil aussi doux,
Si je n'écoutais la prudence,
Je tomberais à ses genoux,

MARINI, *à part.*
Allons, ayons bonne espérance,
Malgré les portes, les verroux,
Il faudra bien que l'innocence
Vienne voyager avec nous.

MAITRE HUGUO, *à Paola.*
Dès demain tous les deux nous nous mettrons en route...

MARINI, *à part.*
Dès ce soir tous les deux nous nous mettrons en route...

PAOLA, *à part.*
De n'oser me nommer, ah! combien il m'en coûte;
        Car ce regard si bon
        Me promet un pardon.

ENSEMBLE.

MAITRE HUGUO ET SUZANNE.
Livrez votre âme à l'espérance, etc.

PAOLA.
Livrons notre âme à l'espérance, etc.

MARINI.
Allons, ayons bonne espérance, etc.

Suzanne prend la lumière, et précède Paola qui entre avec elle dans la chambre à gauche; maître Huguo les conduit jusqu'à la porte.)

SCÈNE IX.

MARINI, MAITRE HUGUO.

MARINI, *à part.* Elle loge là... très-bien! Mes hommes sont prêts. Comment éloigner le bonhomme?... (*A maître Huguo qui revient à lui.*) Elle est charmante, cette petite... C'est votre filleule, votre parente?...

MAITRE HUGUO. Non; mais je l'aime déjà comme si elle m'appartenait... Ah! ça, quelle est donc cette bonne nouvelle?

MARINI, *d'un air de mystère.* Chut! il faut que vous partiez à l'instant.

MAITRE HUGUO. Moi?

MARINI, *de même.* Pour vous trouver demain au lever du prince.

MAITRE HUGUO. Au lever du prince!... Son Altesse m'appellerait auprès d'elle?

MARINI, *de même.* On veut causer avec vous.

MAITRE HUGUO, *avec satisfaction.* Je me doutais que ça finirait par là! Ils ont enfin senti qu'ils ne pouvaient pas marcher comme ça !... Mon mémoire a donc fait sensation?

MARINI. Beaucoup. (*A part.*) Il est encore dans ma poche.

MAITRE HUGUO. Voilà le premier qui ait été aussi loin.

MARINI. Je ne vous en ai rien dit ce matin; mais il y a long temps que la cour a les yeux sur vous.

MAITRE HUGUO. Je ne m'en étais pas aperçu... Et qui donc êtes-vous, je vous prie?... car je n'ai pas pensé à vous demander...

MARINI. Le secrétaire intime du marquis de Castelli... le chevalier Marini.

MAITRE HUGUO. Le secrétaire du premier ministre!

MARINI. J'étais chargé de vous étudier en secret... de m'assurer si ce que vous demandiez était juste.

MAITRE HUGUO, *avec confiance.* Mais, dam.., je le crois...et quand je ferai partie du conseil...

MARINI, *étouffant un éclat de rire.* Comment! c'est une place de conseiller?..

MAITRE HUGUO. Ça vous étonne?

MARINI, *se reprenant.* Du tout... il ne m'a pas fallu cinq minutes pour voir ce dont vous étiez capable... et je lui ai fait un rapport si avantageux... que le ministre vous attend, et veut vous présenter lui-même à Son Altesse.

MAITRE HUGUO, *avec joie.* Enfin, le jour de la justice est donc venu !

SCÈNE X.

LES MÊMES, SUZANNE *ressort de la chambre à gauche, ferme la porte et met la clef dans sa poche* (1).

MAITRE HUGUO, *l'apercevant.* Suzanne! Suzanne!

SUZANNE. Qu'est-ce que c'est, monsieur?

____

(1) Marini, maître Huguo, Suzanne.

MAITRE HUGUO, *avec joie*. Cette place que je ne devais jamais obtenir... je la tiens!

SUZANNE. Il serait vrai!

MAITRE HUGUO. Du conseil privé!.. rien que cela.

SUZANNE. Bonté divine!

MARINI. Mais il faut partir sur le champ.

MAITRE HUGUO. Au milieu de la nuit!... Vous croyez que demain matin, de bonne heure.

MARINI. Bon! à la cour, les places sont si vite emportées.

SUZANNE. C'est vrai... il y a des amateurs.

MARINI. Qui se pressent...

SUZANNE. Qui se poussent....

MAITRE HUGUO. Qui se culbutent!

MARINI. Elles sont demandées...

MAITRE HUGUO. Avant d'être vacantes. C'est juste, il n'y a pas un moment à perdre. Je cours chez Ambrosio... Suzanne prépare mon petit paquet... il me prêtera une cariole... un petit mulet... la moindre des choses!.. c'est l'affaire d'un quart d'heure.

ENSEMBLE.

AIR : *Chasseurs joyeux, il faut partir.*

Dépêchons-nous } puisqu'il le faut
Dépêchez-vous }
    partons }
Et   } au plus vite ;
    partez }
Car lorsqu'on sollicite,
On ne réussit qu'au galop,

MARINI.

Trop souvent le mérite,
Qu'à la cour on invite ;
Voit tous ses droits s'évanouir
S'il ne sait pas courir.

ENSEMBLE.

Voit tous ses droits, etc., etc.

(Maître Huguo sort par le fond, et Suzanne rentre dans sa cuisine.)

SCÈNE XI.

MARINI, *seul.*

Un quart-d'heure! il ne m'en faut pas tant pour enlever la petite... (*Regardant par le fond.*) Il est déjà bien loin... (*Regardant à droite.*) Suzanne est occupée à préparer la valise du bonhomme ; profitons du moment. Je m'attends bien à quelques petites façons, mais je sais l'art de dompter ces vertus si farouches, et plus tard elle me remerciera.... (*Il va vers la porte à gauche.*) Maledetto! la porte est fermée... que faire ?... frapper, réveiller notre jolie voyageuse!... cela peut donner des soupçons, attirer Suzanne et mettre tout le village sur pied. Non... il vaut mieux appeler mes gens... les drôles sont adroits, et...

(Il remonte la scène, et se trouve nez à nez avec maître Huguo qui rentre par le fond.)

SCÈNE XII.

MAITRE HUGUO, MARINI.

MAITRE HUGUO, *essoufflé*. Me voici, me voici.

MARINI, *stupéfait*. Déjà!

MAITRE HUGUO. Vous ne m'attendiez pas sitôt, n'est-ce pas ?

MARINI, *à part*. Que le diable l'emporte! (*Haut.*) Mais qui vous ramène donc?

MAITRE HUGUO. Un événement fort singulier... Je n'étais qu'à cent pas de la maison, lorsque je vois venir à moi un superbe équipage; des armes sur la portière, des flambeaux, des laquais galonnés...

MARINI, *à part*. C'est la voiture que j'attendais pour emmener la petite.

MAITRE HUGUO. Je me suis douté que cela nous regardait, surtout lorsqu'un des valets m'a demandé où logeait le seigneur Marini, secrétaire de Son Excellence. J'ai dit : C'est ça... c'est notre affaire... et je vous l'ai amené bien vite, avec ce mot du marquis dont il était chargé.

MARINI, *embarrassé*. Du marquis!

MAITRE HUGUO. Voyez donc ce que c'est... peut-être ma nomination...

MARINI, *à part, lisant entre ses dents*. Hum! hum! hum! le moment est favorable...

MAITRE HUGUO, *répétant*. Le moment est favorable...

MARINI, *lisant avec intention*. Oui... « Le moment est favorable.. j'ai parlé au « prince... faites partir sur le champ la « personne en question... »

MAITRE HUGUO. Vous aviez raison... c'est pressé.

MARINI *de même*. « Ne perdez pas une « minute, car je sais que l'on intrigue, et « que l'on voudrait en présenter une « autre. »

MAITRE HUGUO. Une autre. Il paraît que ces places-là sont joliment courues.

MARINI, *lisant*. « Pour qu'il n'y ait « aucun retard, je vous envoie ma « voiture. »

MAITRE HUGUO. Sa voiture!... Par exemple, voilà une attention!

MARINI. Que dit-il? (*A part.*) Au fait, je n'ai pas d'autre moyen. (*Haut.*) Vous voyez qu'on vous attend.

MAITRE HUGUO, *avec enthousiasme.* Je n'hésite plus! ô! mon pays!... je vais donc travailler à ton bonheur!

SCÈNE XII.

LES MÊMES, SUZANNE ; *accourant, avec un petit paquet sous le bras* (1).

SUZANNE. Monsieur! monsieur, venez donc voir! un carosse à quatre chevaux qui s'arrête à votre porte.

MAITRE HUGUO, *d'un air modeste.* Je sais, Suzanne, c'est pour moi!

SUZANNE. Pour vous?...

MAITRE HUGUO. On vient me chercher, ma bonne... C'est absolument Denys de Syracuse que l'on arrache à ses bambins.

SUZANNE. Est-il possible!... Je vous verrais dans une voiture de la cour!...

MAITRE HUGUO *ému.* Allons, allons, Suzanne, pas de faiblesse..... Il faut savoir supporter la fortune avec plus de calme et de sang-froid... Regarde.... Tu vois, quoique j'aille en voiture... je suis toujours le même.

MARINI. Songez qu'il ne faut pas faire attendre le prince !

MAITRE HUGUO. C'est juste ; que je prenne mes papiers... (*Il court à sa table, et en fourre dans toutes ses poches.*) Mon projet sur les tribunaux.... Mon traité des finances... (*A Suzanne.*) Tu diras à notre intéressante inconnue que sa pension est sûre maintenant... Où diable ai-je donc fourré mes cours étrangères ? J'avais la Russie sous la main... Tu n'a pas vu la Russie, Suzanne? il y avait un pâté dessus... Ah! tu diras à mes élèves que je leur donne un congé indéfini.

SUZANNE, *regardant an fond.* Justement, tout le village qui se ressemble autour de la voiture, je veux être la première à leur annoncer la nouvelle.

(*Elle va au fond.*)

MAITRE HUGUO, *cherchant toujours ses papiers.* Ah! voilà bien les femmes!.. la vanité. (*Lui criant da loin.*) Laisse-les entrer pour qu'ils me voient partir.

MARINI, *le pressant.* Allons, êtes-vous prêt?

MAITRE HUGUO. Vous venez avec moi, cher ami?

(1) Suzanne, maître Huguo, Marini.

MARINI. Je vous rejoindrai; mais en ce moment je suis chargé d'une mission.

MAITRE HUGUO, *baissant la voix.* Mission diplomatique?

MARINI. Précisément.

MAITRE HUGUO. Que je ne vous dérange pas, les affaires de l'état avant tout.

SCÈNE XVI.

LES MÊMES, DEUX POSTILLONS GALONNÉS, PLUSIEURS VALETS A LIVRÉES *portant des flambeaux ;* PAYSANS DES DEUX SEXES *amenés par Suzanne.*

FINAL.

(Fragment du premier acte de *Cendrillon.*)

AIR : *Ah ! l'heureuse journée.*

CHOEUR.

Ah ! pour lui quelle gloire !
Quelle auguste faveur !
Qui pourra jamais croire
Un tel excès d'honneur !
De tout le voisinage
Recevez les adieux ;
Nos vœux et notre hommage
Vous suivront en tous lieux.

MAITRE HUGUO, *ému.*
Vraiment mon âme est attendrie,
Je vais, mes bons amis, vous consacrer ma vie.

SUZANNE.
Vraiment, vraiment, je suis toute attendrie.

MARINI, *bas à un postillon.*
A ton adresse ici ton maître se confie;
Dans la forêt tourne aussitôt,
Loin de Ferrare, au grand galop.
(*Montrant Huguo.*)
Egarez-le sans qu'il s'en doute.
Enfin, qu'au point du jour,
Après plus d'un détour,
Il ne puisse trouver sa route.

LE POSTILLON, *bas,* Bien.

SUZANNE, *à son maître*
Il faut se quitter; je le vois.

MAITRE HUGUO.
Allons, Suzanne, calme-toi,
Bientôt tu viendras près de moi.

SUZANNE.
Oui, dès demain, je veux vous suivre ;
Car sans mon maître, hélas ! je ne saurai plus vivre.

TOUS
Oui bientôt vous allez le suivre.

MARINI, *bas à un autre valet.*
Vous, des chevaux... dans un instant,
Tout près d'ici... vous m'entendez... soyez prudent.

SUZANNE ET MARINI.
Mais voilà l'équipage,
Adieu donc, bon voyage.

CHOEUR.

(*Accompagnant maître Huguo que des valets éclairent.*)

Ah ! pour lui quelle gloire,
Quelle auguste faveur, etc.

(Ils sortent. Le théâtre n'est plus éclairé que par la lampe. On entend rouler la voiture. La musique continue piano jusqu'au baisser du rideau.)

SUZANNE, *à la porte, et suivant des yeux.*
Ils vont d'un train à briser la voiture.
(*Revenant.*) Courons vite conter à cette
pauvre petite femme...

MARINI, *l'arrêtant.* Chut !

SUZANNE. Vous êtes encore ici ?

MARINI, *à voix basse.* Silence !

SUZANNE, *effrayée.* Que voulez-vous ?

MARINI, *montrant la porte à droite.* La clef
de cette chambre.

SUZANNE. la clef !

MARINI, *montrant sa poche.* Elle est là.

SUZANNE, *voulant fuir par le fond.* O ciel !

MARINI, *lui saisissant le bras.* N'appelez
pas, ou vous êtes perdue !

SUZANNE, *tremblante.* Quel soupçon !

MARINI. Cette clef !

SUZANNE, *effrayée, et la laissant échapper.*
Miséricorde ! c'est fait de nous !

(*Elle chancelle, et se jette sur une chaise; Marini
saisit la clef, et s'élance vers la porte de Paola.
La toile tombe.*)

ACTE DEUXIÈME.

Le théâtre représente un salon du palais du grand-duc ouvrant au fond sur une galerie ornée de statues et de tableaux. A gauche les appartemens du prince; à droite, la salle des gardes. Sur le devant de la scène, à gauche, une table couverte d'un tapis et chargée de papiers.

SCÈNE PREMIÈRE.

MARINI, LE MARQUIS.

(Au lever du rideau, le marquis est assis près de la table et signe plusieurs papiers, Marini paraît à la porte de la salle des gardes.)

MARINI, *à mi-voix.* Excellence...

LE MARQUIS. C'est toi... eh bien !

MARINI, *à mi-voix.* Elle est ici; mais ce
n'est pas sans peine.

LE MARQUIS, *se levant.* Comment ! n'a-
vais-tu pas ma voiture ?

MARINI. Elle m'a servi à me délivrer
d'un grand original que j'ai envoyé se pro-
mener à une vingtaine de lieues d'ici;
mais j'étais dans un cruel embarras : c'é-
tait un luxe de larmes, de prières.

LE MARQUIS. Tout cela était joué ?

MARINI. Je le crois; car, lorsque je lui
ai dit que c'était pour la conduire auprès
du prince, sa figure s'est épanouie.

> AIR : *En guerre ces aventures.*
> D'un seul mot voyez l'empire,
> À me suivre elle consent;
> » C'est tout ce que je désire...
> » Ce prince si bienveillant...
> » Me protègera,» dit-elle...
> Et nous savons, monseigneur,
> Ce qu'à la cour une belle
> Entend par un protecteur.

LE MARQUIS. Fort bien; vous ne pou-
viez arriver plus à propos; l'envoyé de
Parme a gagné une partie du conseil qui
doit décider ce maudit mariage.

MARINI. Il faut faire manquer la séance.

LE MARQUIS. C'est déjà arrangé; j'ai envoyé ce matin un de nos conseillers en mis-

sion extraordinaire, un autre en exil, et j'ai
écrit à un troisième, que le bien de l'état exi-
geait qu'il fût malade : il s'est mis tout de
suite au lit avec la fièvre.

MARINI. L'excellent patriote !

LE MARQUIS. Ah ! ça, tu te trouveras
après le conseil dans cette galerie avec ta
protégée.

MARINI. Très bien.

LE MARQUIS. Une toilette simple, modeste, c'est le moyen d'être remarquée :
elle aura quelque grâce à réclamer... A la
cour il faut toujours demander. Je la ferai inviter pour le spectacle, et...

MARINI. Le reste ne nous regarde plus.

> LE MARQUIS.
> AIR : *Vaudeville de Partie et Revanche.*
> Ce sera ta sœur, ta cousine,
> Ce que tu voudras...
> MARINI, *s'inclinant.*
> Trop d'honneur.
> Cette parenté j'imagine,
> Plus tard doit faire mon bonheur...
> La favorite !.. Ah ! pour moi quel honneur !
> Je serai son oncle, son frère,
> Soit... pourvu que dans quelque tems
> On ne me fasse pas le père,
> Des petits princes, ses enfans.

LE MARQUIS. Chut ! j'entends Son Altesse.

MARINI, *bas.*

LE MARQUIS. N'oublie rien.

MARINI. Soyez tranquille.

(Il sort par le fond.)

SCÈNE II.

LE MARQUIS, LE PRINCE, *en costume
très simple, et seulement avec le crachat*

et le grand-cordon de ses ordres sous un frac.

LE PRINCE, *à la cantonnade.* C'est bien, vous dis-je, je veux être seul. (*A lui-même.*) Ces bons courtisans s'imaginent qu'on ne peut se passer d'eux. (*Apercevant le marquis.*) C'est toi, Castelli?

LE MARQUIS. Encore rêveur, mon prince?

LE PRINCE, *soupirant.* Oui, je croyais que c'était plus amusant d'être le maître; tout le monde vous obéit... c'est mototone.

LE MARQUIS. C'est ce projet d'hymen dont on vous fatigue.

LE PRINCE. Non, ce n'est pas cela qui m'agite. (*Le regardant et lentement.*) Un autre souvenir...

LE MARQUIS. Vous y pensez encore?

LE PRINCE. Je la vois toujours! si bonne, si jolie... et mourir si jeune! car tu es bien sûr...

LE MARQUIS. Malheureusement, mon prince!.. Mais à quoi bon rappeler... c'est entretenir cette tristesse qui nous désespère et qui n'a aucun fondement : car enfin qu'est-ce qui vous importune?

LE PRINCE. Tout.

LE MARQUIS. Qui pourrait vous plaire?

LE PRINCE. Rien.

LE MARQUIS, *avec intérêt.* Songez donc que vous avez des amis.

LE PRINCE, *froidement.* Tu crois?

LE MARQUIS. Oui, mon prince, et de véritables amis qui vous sauveront malgré vous. Rien ne nous coûtera... fêtes, plaisirs, divertissemens... (*Souriant.*) Aujourd'hui, par exemple, vous n'aurez pas le temps de respirer.

LE PRINCE, *distrait.* En vérité?

LE MARQUIS. Ce matin un concert; ce soir, bal, opéra nouveau... Voilà trois jours que je m'occupe sans relâche de moyens de vous amuser... je n'en dors pas.

LE PRINCE, *souriant avec effort.* Pauvre marquis! c'est vraiment un excellent ministre.

LE MARQUIS. Oui, mais il faut me seconder. Si, en attendant l'heure du conseil, vous donniez audience aux bouffons que j'ai fait venir de Milan, de Bergame, et qui brûlent d'obtenir cette charge vacante depuis si longtemps.

LE PRINCE. Moi! choisir un plaisant de profession!

LE MARQUIS. Oui, mon prince; il nous faut quelqu'un qui vous fasse rire malgré vous, et je vais donner ordre qu'on les introduise séparément. (*A mi-voix.*) J'aurais bien aussi quelques moyens de distraction, mais je n'ose les proposer à son Altesse.

LE PRINCE. Comment?

LE MARQUIS, *avec une gravité comique.* Si elle l'ordonne, cependant, j'aurais l'honneur de lui soumettre un travail à ce sujet-là. (*S'inclinant.*) Je cours rassembler le conseil (*à part*) ou plutôt le faire manquer.

(Il sort par la droite.)

SCÈNE III.

LE PRINCE, *seul, après un silence.*

Et cette alliance avec Parme! il ne m'en rien. (*Il fait quelques pas.*) Je sais qu'il est opposé à ce projet; cependant c'est ce qu'il y a de plus sage! J'obéis au vœu de mon père, j'assure le repos de l'état, et puisqu'il est bien convenu que dans les mariages des princes, le bonheur n'est compté pour rien... autant cette femme-là qu'une autre, quand ce ne serait que pour m'épargner l'embarras du choix.

AIR : *Pour le chercher j'arrive en Allemagne.*

J'avais rêvé qu'en choisissant moi-même,
Une épouse selon mes vœux;
Malgré le poids, l'ennui du rang suprême
Je pouvais encore être heureux.
Puisqu'il le faut je renonce à mon rêve;
Mais que le ciel exauce mes souhaits...
Et que du moins du bonheur qu'il m'enlève,
Il tienne compte à mes sujets.

Qu'entends-je! ah! sans doute ces bouffons qui se disputent l'honneur de m'égayer. (*S'asseyant près de la table.*) Soit : subissons encore ce nouvel ennui.

SCÈNE VI.

LE PRINCE, DIAVOLINI, *vêtu avec une recherche ridicule* (1).

DIAVOLINI, *à la cantonnade.* Il signor marchese m'a permis d'entrer lou premier. (*Saluant à plusieurs reprises.*) Altesse, vi voyez devant vous l'illustre et facétieux Pascarello Diavolini, professor de gaîté et docteur en médecine... hé! hé! hé!..

LE PRINCE, *tournant légèrement la tête de son côté.* Tu es médecin?

DIAVOLINI, *riant toujours.* Médecin per ridere, signor... oh! oh! oh!

LE PRINCE, *sérieux.* Eh bien! fais-moi rire, je ne t'en empêche pas.

____

(1) Diavolini, le prince.

DIAVOLINI, *d'un air agréable.* Tout de suite, Altesse.,. vi allez voir que zé souis digne de la faculté... hé! hé! hé!... j'ai fait mourir de rire le grand inquisiteur, et deux Normands qu'on allait pendre: ça les a tirés d'affaire bien à propos... oh! oh! oh!

LE PRINCE, *très sérieux.* Je ne ris pas.

DIAVOLINI, *un peu déconcerté.* Est-il pressé! (*Haut.*) Ça va venir, Altesse... le Vésouve lui-même il a ses momens de sommeil.

LE PRINCE, *plus sérieux.* Ça ne vient pas.

DIAVOLINI. Un peu de patience.

LE PRINCE, *avec impatience.* Allons donc!

DIAVOLINI, *perdant la tête et d'un air piteux.* Eh che diavolo! comment voulez-vous qué ze vi fasse rire... si vi me faites pleurer?

LE PRINCE, *haussant les épaules.* Assez... à un autre.

DIAVOLINI. Ma, mon prince...

LE PRINCE, *lui tournant le dos,* Laissez-moi.

DIAVOLINI, *sortant par le fond.* O imè!.. c'est désagréable!

SCÈNE V.

LE PRINCE, PUCCINELLO, *entrant par la droite, une marotte à la main* (1).

PUCCINELLO, *faisant une pirouette et secouant la marotte.* Me voilà, Altesse... Ecco il vero Puccinello.

LE PRINCE, *surpris.* Qu'est-ce que c'est que ça?

PUCCINELLO. Le prince des bossus, le roi des gourmands de toutes les académies chantantes, dansantes et mangeantes de l'Europe... Aussi fort sur la métaphysique que sur le macaroni, lançant gaîment l'épigramme sur tous les sots! comme je venais à la cour, j'en ai fait provision. (*Frappant sur sa bosse.*) Voilà mon arsenal.

LE PRINCE, *froidement.* Je ne ris pas.

PUCCINELLO. Pardonnez-moi, mon prince.

LE PRINCE. Comment?

PUCCINELLO. Vous riez... intérieurement. Vous n'avez qu'à m'ordonner ce que je dois faire pour vous être agréable, un seul mot, et...

LE PRINCE, *sèchement.* Va-t-en!

PUCCINELLO. Plaît-il?

(1) Puccinello, le prince.

LE PRINCE, *plus sèchement* Sortez!

PUCCINELLO. Oui, gracieux souverain... (*A part.*) Il ne rit pas... Malheureux peuple!

(Il sort par le fond.)

SCÈNE VI.

LE PRINCE, *ensuite* MAITRE HUGUO.

LE PRINCE, *à lui-même.* De fades bouffonneries, des grimaces... comme si je n'en avais pas déjà assez autour de moi.
(Il s'assied auprès de la table, il prend un livre, et tourne le dos à la porte par laquelle entre maître Huguo.)

MAITRE HUGUO, *en désordre, la perruque de travers et parlant à la cantonade.* Je vous dis que Son Altesse m'a fait demander. (*A lui-même et sans voir le prince.*) Que de mal! courez donc après les honneurs! cet imbécille de postillon qui me verse en chemin; heureusement encore, car je ne sais où nous allions... et en m'échappant, j'ai voulu m'assurer que je n'avais pas perdu aucun papier... le premier qui me tombe sous la main, c'est le contrat de mon beau-frère... que cette petite m'avait remis; c'était ma nièce! me voilà avec un enfant là-bas... ma place ici... je ne sais auquel entendre! enfin, c'est égal... sauvons d'abord l'état, ensuite nous verrons. (*Le prince fait un mouvement, maître Huguo aperçoit le grand-cordon.*) Chut! c'est le prince.

LE PRINCE, *sans se retourner.* Qu'est-ce qu'il y a?

MAITRE HUGUO, *s'inclinant.* Pardon, Altesse.

LE PRINCE, *avec humeur.* Encore!

MAITRE HUGUO, *timidement.* Je me suis fait attendre.,. c'est moi, maître Huguo Bambetto... pour la place en question.

LE PRINCE, *Pour la place!* (*Le regardant et riant malgré lui.*) Oh! la drôle de figure!

MAITRE HUGUO, *à part.* Il paraît que ma physionomie lui revient.

LE PRINCE, *de même et riant plus fort.* A la bonne heure au moins, voilà une figure originale.

MAITRE HUGUO, *à part.* Qu'est-ce qu'il a donc à rire ainsi?

LE PRINCE, *gaîment.* Approchez, maître...

MAITRE HUGUO. Bambetto, mon prince.

LE PRINCE, *à part.* Où diable vont-ils chercher leurs noms?

MAITRE HUGUO.
Air : *Vaudeville du Premier Prix.*
Sans costume je me présente,
J'ai failli ne pas arriver.
LE PRINCE, *le regardant en souriant.*
D'honneur la tête est excellente.

MAITRE HUGUO.
J'espère bien vous le prouver.

LE PRINCE, *gaîment.*
Soit : j'ai besoin de gens habiles,
A la cour il faut de bons choix...
Car les chemins sont difficiles.

MAITRE HUGUO. *se frottant les bras.*
Et les postillons maladroits.

LE PRINCE, *riant toujours.* Il a de l'esprit. (*Haut.*) Vous avez beaucoup de concurrens.

MAITRE HUGUO, *avec bonhomie.* Ça ne m'étonne pas, mon prince, il y a près de vous tant de personnes capables de remplir les fonctions que j'ambitionne.

LE PRINCE, *enchanté.* Comment diable ! des épigrammes !... (*Haut.*) Il est sûr que si tous les cervaux timbrés se mettaient sur les rangs.,.

MAITRE HUGUO. Ce ne sont pas ceux-là que je crains.

LE PRINCE, *toujours plus gai.* Oh ! je le crois.

MAITRE HUGUO. Mais ceux qui ne doutent de rien et qui disent : *Voilà une bonne place, je ne sais pas ce que c'est ; c'est égal je vais la demander.*

LE PRINCE, *gaiment.* Et ils la demandent !

MAITRE HUGUO. Et ils l'obtiennent !

LE PRINCE, *riant plus fort.* Et ils font des sottises !

MAITRE HUGUO, *avec bonhomie.* Dam ! ils font leur état.

LE PRINCE, *à part.* Eh ! mais, il emporte la pièce.

MAITRE HUGUO. Moi, mon prince, je me présente avec confiance ; il vous faut un habile financier, un savant économiste, un profond politique ; je vous offre le fruit de mes longues études.

LE PRINCE, *éclatant.* Ah ! ah ! ah !... profond politique !

MAITRE HUGUO, *déconcerté.* Dam ! si vous en connaissez de plus fort...

LE PRINCE, *riant.* Non, non, il est charmant. (*Haut.*) Je serais inexcusable de laisser dans l'ombre un génie aussi extraordinaire, et dussent tous les rivaux en mourir de jalousie, tu l'emportes... je te nomme.

MAITRE HUGUO, *transporté.* Est-il possible! je suis nommé... (*à part*) conseiller de la couronne... (*Haut.*) Ah ! mon prince !

(*Il veut lui baiser la main.*)

LE PRINCE, *riant.* Finis donc, maître fou... Dieu me pardonne... il a les larmes aux yeux.

MAITRE HUGUO, *avec feu.* Croyez que je remplirai cette charge honorable avec l'impartialité... le courage...

LE PRINCE, *riant plus fort.* J'y compte. (*A part et le regardant.*) Il ressemble à celui de mon grand père, mais il est bien plus drôle.

SCÈNE VII.

LES MÊMES, UN HUSSIER DU PALAIS.

L'HUISSIER, *annonçant.* Messieurs les membres du conseil.

LE PRINCE. Qu'ils entrent.

MAITRE HUGUO, *à part.* Le conseil!... j'arrive juste pour entrer en fonctions.

SCÈNE VIII.

LES MÊMES, LE MARQUIS, QUATRE CONSEILLERS, DEUX HUISSIERS, *qui restent dans le fond* (1).

CHOEUR·
Air : *Enfans de Polymnie* (du Concert à la cour.)
Puisqu'enfin Son Altesse
Daigne nous présider ici,
La raison, la sagesse,
Dans le conseil vont siéger aujourd'hui.

LE MARQUIS (2). Je n'ai pu rassembler que ces messieurs. (*Au prince.*) Eh bien ! mon prince, vos bouffons !

LE PRINCE, *montrant Huguo.* Voilà celui que j'ai choisi.

LE MARQUIS, *le regardant.* Ah ! je n'avais pas remarqué cette figure... (*Au prince.*) Il est amusant ?

LE PRINCE. Impayable !... avec son air tranquille...

MAITR HUGUO, *à part.* J'aurais peut-être dû changer d'habit, mais je n'en ai pas d'autre, et puis l'état me réclame.

LE PRINCE, *haut.* Nous allons commencer.

LE MARQUIS. Pardon mon prince, nous ne sommes pas en nombre... il faut au moins sept membres pour délibérer.

LE PRINCE, *s'assayant.* Nous pourrons toujours causer de la grande question.

MAITRE HUGUO, *s'asseyant près du prince.*

____

(1) Maître Huguo, les quatre conseillers sur une ligne à droite, le prince et le marquis à gauche.

(2) Maître Huguo, le prince, Marini.

Qui, nous pouvons causer de la grande question.

LE PRINCE. Eh bien !

LE MARQUIS, *à Huguo*. Qu'est-ce qu'il fait donc ? Ce n'est pas là votre place.

MAITRE HUGUO, *très étonné et se plaçant sur un siège plus loin*. C'est possible... comme je suis le dernier venu.

LE MARQUIS. Encore !

(Il veut s'asseoir sur le troisième siège qui se trouve occupé de même que le quatrième ; alors il va s'asseoir au dernier siège.)

MAITRE HUGUO, *croyant qu'il veut le faire placer plus loin*. Encore ?... à la bonne heure !

LE MARQUIS, *avec humeur*. Se moque-t-il de moi ?

LE PRINCE, *riant*. Tu en verras bien d'autres !

LE MARQUIS, *à Huguo, qui reste assis, et qui le regarde en ouvrant de grands yeux*. Vous ne m'avez pas compris, mon cher.

MAITRE HUGUO, *croyant qu'il lui fait politesse*. Pardonnez-moi, il ne m'appartient pas d'être plus près de Son Altesse, et pourvu que je puisse lui faire entendre la vérité, je serai toujours à ma place.

LE PRINCE, *au marquis*. Il a raison ; c'est son emploi. Les fous n'en faisaient pas d'autres.

LE MARQUIS. Quoi ! vous permettez qu'il assiste...

LE PRINCE, *souriant*. Le grand mal !... il nous manque du monde, il fera le septième.

MAITRE HUGUO, *à part*. Ils ont bien de la peine à se mettre en train.

LE PRINCE, *aux conseillers*. Le marquis, messieurs, va vous expliquer l'affaire qui vous est soumise.

LE MARQUIS. C'est surtout dans cette circonstance, messieurs, que Son Altesse a besoin de vos lumières et de cette haute sagesse...

(Maitre Huguo salue ; tout le monde rit.)

MAITRE HUGUO, *se levant*. Messieurs, je demanderai un peu de silence ; car il m'est impossible de suivre l'orateur.

(On lui fait signe de se taire.)

LE MARQUIS, *continuant*. Vous savez, messieurs, qu'il est question de mariage avec l'infante de Parme. S'il ne s'agissait que du bonheur personnel de notre maître, je n'hésiterais pas un moment ; car tout le monde est d'accord sur les heureuses qualités de cette jeune princesse ; mais nous ne pouvons nous dissimuler l'influence de cet hymen sur le sort de Ferrare... et c'est pour en bien peser les

avantages et les inconvéniens, que Son Altesse vous a fait appeler.

(Il s'assied sur le tabouret qui est auprès de la table à gauche du prince.)

PREMIER CONSEILLER. Dans un moment où tous les princes d'Italie se disputent le premier rang, il me semble que l'alliance de Parme...

DEUXIÈME CONSEILLER. C'est un point d'appui, en cas de guerre.

LE MARQUIS, *vivement*. Je ne suis pas de votre avis ; j'ai sous les yeux les forces militaires de ce duché ; et cela n'est pas rassurant.

TROISIÈME CONSEILLER. Sans compter qu'un mariage avec Parme inquiétera la politique du duc de Mantoue ; et il vaudrait mieux rechercher l'alliance de ce dernier.

TOUS. Du duc de Mantoue ?

LE MARQUIS. Au fait, nous n'y songions pas.

MAITRE HUGUO, *se levant*. Pardon... Je demande la permission de répondre au préopinant.

(On rit.)

LE MARQUIS, *à Huguo*. Ah ! ce n'est pas le moment de plaisanter.

MAITRE HUGUO, *froidement*. C'est ce que j'allais dire à ces messieurs qui rient toujours... Ce n'est pas le moment de plaisanter.

LE PRINCE, *riant*. A la bonne heure : voilà qu'il s'y met.

LE MARQUIS. Morbleu !

LE PRINCE, *lui imposant silence*. Laisse-le parler.

MAITRE HUGUO. Je vois que nous allons remettre sur le tapis l'éternelle question de l'équilibre politique de l'Italie, qui ne signifie rien du tout... car, de quoi s'agit-il ? De marier Son Altesse. Et si vous m'interrogez là-dessus, je vous dirai ingénuement que je serais volontiers pour le duc de Mantoue, moi.

TOUS. Ah !..

MAITRE HUGUO. Car il a tout pour lui... le duc de Mantoue ! mais il n'y a qu'une petite difficulté, c'est qu'il n'a pas de fille.

TOUS, *étonnés*. Plaît-il ?

LE PRINCE. Eh ! mais il a raison... Vous vous disputez là...

MAITRE HUGUO. Ceci posé, comment peut-on songer à rejeter l'alliance de Parme, qui nous assure celle de Gênes et le commerce de tout le littoral ! qui nous couvre du côté du Piémont, dont nous avons toujours à craindre les empiétemens : car, prenez-y garde, messieurs, il ne s'endort pas le Piémont... tandis que Mantoue, par sa position géographique, ne peut tout au plus vous protéger que contre Venise, qui est trop occupée de ses armemens contre l'île de Chypre, pour se mêler de nos affaires.

(Les conseillers se regardent.)

LE PRINCE. Ne riez pas, messieurs : ce qu'il dit là est parfaitement juste.

PREMIER CONSEILLER, *étonné.* C'est très fort.

TROISIÈME CONSEILLER, *de même.* Nous n'avions pas envisagé la question...

LE MARQUIS, *inquiet.* Permettez... Je ne dis pas que la position de Parme.. mais il faudrait que ses finances lui permissent de nous être utile, et elles sont dans un délâbrement...

MAITRE HUGUO. Ses finances?

LE MARQUIS. Certainement.

MAITRE HUGUO. Erreur!.. c'est là que je vous arrête.

LE MARQUIS, *inquiet.* De quoi diable se mêle-t-il?

MAITRE HUGUO. Je connais les ressources de chaque pays, à livres. sous et deniers... *(fouillant dans ses poches)* et j'ai là une note exacte des revenus de Parme, qui montrera à Son Altesse... Où donc l'ai-je fourrée?.. Que la jeune princesse... C'est dans l'autre poche... Peut apporter une dot... Je crois la voilà.

(Il tend sans le regarder le papier qui se trouve être la lettre que Paola lui a remise au premier acte.)

LE MARQUIS, *furieux, se levant.* Quoi! vous osez...

MAITRE HUGUO, *avec une dignité comique.* Quand il s'agit de mon devoir, monsieur, rien ne peut m'effrayer.

LE PRINCE, *au marquis en riant.* C'est quelque nouvelle plaisanterie.

(Il prend le papier.)

LE MARQUIS, *à part.* Il a été gagné par l'ambassadeur... maudit bouffon! demain je te fais destituer.

LE PRINCE, *qui a ouvert le papier.* Qu'ai-je vu?

LE MARQUIS. Qu'avez-vous?

LE PRINCE. Rien, rien...

MAITRE HUGUO. Je me suis peut-être trompé dans l'addition.

LE PRINCE, *à part et parcourant la lettre.* La main de Castelli... il annonce ma mort, la mort de Frédéric, à cette pauvre Paola... Est-ce pour m'apprendre qu'elle existe encore? pour me rappeler des liens... quel mystère! et quel est donc cet homme?

(Il le regarde avec anxiété.)

MAITRE HUGUO, *reprenant avec force.* Et maintenant. veut-on que je dise toute ma pensée? que j'éclaire le prince sur ses devoirs?

LE PRINCE *troublé, et saisissant sa main.* Non, non, c'est assez... je vous comprends.

MAITRE HUGUO, *étonné.* Je n'ai encore rien dit.

LE PRINCE, *à mi-voix.* N'importe, je devine votre dessein, et vous serez content de moi. *(Haut à ses conseillers.)* Messieurs, messieurs, je lève la séance... qu'on ne me parle plus d'alliance, de mariage, j'y renonce.

LE MARQUIS, *avec joie.* Est-il possible!

MAITRE HUGUO, *à part.* Qu'est-ce qu'il dit donc?.. Il se trompe.

(Les conseillers et le marquis s'empressent de féliciter maitre Huguo, l'entourent avec des démonstrations de respect et d'admiration.)

LE MARQUIS.

Air *du Fleuve de la vie.*
O triomphe de l'éloquence...

PREMIER CONSEILLER.
Quel talent!

DEUXIÈME CONSEILLER.
Quelle profondeur!

MAITRE HUGUO.
Qu'ont-ils donc?.. c'est de la démence.

TROISIÈME CONSEILLER, *aux autres.*
Il sera bientôt en faveur.

PREMIER CONSEILLER, *à Huguo.*
Sublime!

TROISIÈME CONSEILLER, *de même.*
A ton zèle admirable
Je donne ma protection.

LE MARQUIS, *bas.*
Je te donne une pension.

MAITRE HUGUO, *impatienté.*
Moi, je me donne au diable.

LE MARQUIS, *bas à Huguo.* Très bien! je vois que nous nous entendrons.

MAITRE HUGUO, *avec impatience.* Ah!.. ça, est-ce que tout le conseil est devenu fou en masse?.. Je parle raison, on me rit au nez... Je montre des chiffres, le prince s'attendrit... et quand je crois l'avoir décidé à se marier, il me comble d'éloges, et fait tout le contraire...

LE PRINCE, *s'approchant de maitre Huguo, lui prenant la main et l'amenant sur le devant du théâtre, tandis que le marquis et les conseillers restent dans le fond.* Je ne suis pas dupe du détour que vous avez employé pour arriver jusqu'à moi... *(Bas.)* Vous êtes plus que vous ne voulez paraître.

MAITRE HUGUO, *plus étonné.* Je ne crois pas, mon prince.

LE PRINCE, *l'interrompant.* Plus tard, nous causerons... et si j'en crois ce papier, vous avez beaucoup de choses à m'apprendre.

MAITRE HUGUO, *à part.* Est-ce qu'il veut reprendre ses études? *(Haut.)* Mon prince, je vous apprendrai tout ce que je sais.

LE PRINCE, *lui serrant la main.* Je l'espère... mais en attendant, je veux que

Vous soyez traité comme vous le méritez. *Appelant.*) Holà! quelqu'un !

(Un officier paraît.)

SCENE IX.

Les Mêmes, UN OFFICIER.

LE PRINCE, *à l'officier.* Conduisez monsieur à l'appartement qui touche au mien, qu'il y soit servi par mes officiers... Les plus grands égards... Vous m'entendez!.. et que dans le palais chacun lui obéisse comme à moi-même.

MAITRE HUGUO, *à part.* Servi par ses propres officiers!..Si j'y conçois un mot!.. Il paraît qu'il n'est pas difficile de faire son chemin à la cour.

LE PRINCE, *aux conseillers.* A ce soir, messieurs.

tous, admirant maître Huguo.

Air : *Ah ! c'est affreux ! ah ! c'est abominable !*

Honneur, honneur à tant de modestie.
Nous lui devons une bonne leçon ;
Dans le conseil, aujourd'hui, la folie
A triomphé de la raison.

(Le prince rentre dans ses appartemens, les conseillers se retirent par la droite, maître Huguo par le fond avec l'officier qui le précède.)

SCÈNE X.

LE MARQUIS, *seul.*

Parbleu, le drôle nous a donné là un tour de son métier. J'avais perdu la tête, je croyais tout ruiné, et je ne puis encore comprendre quel moyen il a employé... N'importe, il plaît au prince, et je veux m'en faire un ami.

SCÈNE XI.

MARINI, Le MARQUIS, *ensuite* PAOLA.

MARINI, *arrivant sur la pointe du pied.* Monseigneur, elle est ici.

LE MARQUIS. Fort bien; le mariage est presque rompu, et si elle peut plaire... (*Regardant de côté.*) Jolie tournure...(*La reconnaissant de loin.*) Ah! grand Dieu!

MARINI. Qu'avez-vous?

LE MARQUIS. C'est bien elle... (*A Ma-*rini.) Malheureux! qu'as-tu fait?.. si le prince la voit, je suis perdu.

MARINI, *étourdi.* Comment?

LE MARQUIS, *rapidement.* Emmène-la sur le champ.

MARINI, Où donc?

LE MARQUIS. Où tu voudras, dans un couvent... à mille lieues d'ici... mais qu'elle ne reparaisse pas... où c'est fait de toi.

(Il s'esquive de côté.)

MARINI, *seul.* Ah ! mon Dieu... il paraît que j'ai fait de bonne besogne!

PAOLA, *entrant* (1). Je n'ose faire un pas... Eh! mais, vous m'aviez dit que nous trouverions le ministre ici... est-ce qu'il n'est pas venu?

MARINI, *embarrassé.* Pas encore.

PAOLA. Ah! tant pis... mais vous semblez inquiet, embarrassé... Est-ce qu'il me refuserait son appui?

MARINI, *de même.* Non... Mais il paraît qu'il est parti... pour sa maison de campagne... et nous sommes obligés d'en faire autant.

PAOLA. Que dites-vous?

MARINI. Oui, l'entrevue est manquée... il faut nous remettre en voyage.

PAOLA. Encore!

MARINI. Venez.

PAOLA, *effrayée.* Où voulez-vous me conduire ?

MARINI, *voulant la prendre par la main.* Vous le saurez.

PAOLA, *le repoussant.* Non, tout ceci cache un mystère qui m'effraie, et que je veux éclaircir. Depuis hier, je suis dupe de vos promesses...je devais retrouver en ces lieux l'ami qui m'avait donné un asile, et je ne le vois pas...je devais parler à Son Altesse, et vous voulez m'éloigner...je ne vous suivrai pas.

ENSEMBLE.

Fragment de la Bayadère.

MARINI.
Cessez de vous en défendre.
A nos vœux il faut vous rendre ;
Sans pleurer, sans gémir,
Vous devez obéir.
C'est en vain que l'on espère
A mon pouvoir se soustraire ;
Tout ici, croyez-moi,
Est soumis à ma loi.

PAOLA.
Comment, hélas ! me défendre?
Ici nul ne peut m'entendre,
Ah! dussé-je en mourir,
Je ne puis obéir!
Mais c'est en vain que j'espère
A son pouvoir me soustraire,

(1) Paola, Marini.

Tout ici, je le vois.
Est soumis à sa loi.

PAOLA, *le suppliant.*

Ne soyez point inexorable !
Pourquoi ce regard de courroux ?
Hélas ! quand le malheur m'accable ,
Au destin vous unirez-vous ?
On écoute même un coupable
Quand il vous implore à genoux,
Vous me voyez à vos genoux.

ENSEMBLE.

MARINI,

Cessez de vous en défendre, etc.

PAOLA.

Comment, hélas, me défendre ! etc

(Il l'entraine.)

PAOLA, *résistant.* Non, non, je veux parler au prince.

MAITRE HUGUO, *paraissant.* Qu'est - ce donc ?

SCÈNE XII.

LES MÊMES, MAITRE HUGUO, *suivi de l'officier qui l'a accompagné* (1).

(L'officier reste au fond

PAOLA, *l'apercevant et courant à lui en poussant un cri de joie.* Ah ! sauvez moi !

MAITRE HUGUO, *la recevant dans ses bras.* Que vois-je ! ma nièce Paola !

MARINI , *stupéfait en le reconnaissant.* Sa nièce !... D'où diable sort-il celui-là ?

PAOLA. Eh ! quoi vous savez ?...

MAITRE HUGUO, *la serrant dans ses bras.* Oui , oui : j'aurais dû te reconnaître à ces traits, qui me rappellent ceux de ma sœur... de mon bon Francesco ; chère enfant ! je comptais t'envoyer... te faire dire... parce que j'ignorais... (*l'embrassant à plusieurs reprises*) mais embrasse-moi donc encore !..

PAOLA, *émue.* Mon oncle !.. ah ! que je suis heureuse ! maintenant je ne crains plus rien, vous me défendrez.

MAITRE HUGUO. Contre qui ? je ne vois là que notre bon ami, le secrétaire.

MARINI. Qui a les meilleurs intentions du monde... Mais nous perdons un temps précieux, et nous devrions être loin.

PAOLA, *à son oncle.* Non, non... ne m'abandonnez pas.

(Elle passe à la droite de maître Huguo.)

MAITRE HUGUO , *entr'eux.* Permettez , permettez, monsieur le secrétaire : il me semble qu'en ma qualité d'oncle , j'ai le droit de savoir où vous voulez conduire ma nièce ?

MARINI, *brusquement.* Eh ! que vous importe !

MAITRE HUGUO. Comment ! monsieur... mais c'est très-malhonnête ce que vous me dites-là... et la place que j'occupe mériterait au moins de votre part des égards...

MARINI , *haussant les épaules.* Votre place ! eh ! vous n'en avez pas, monsieur le maître d'école.

MAITRE HUGUO , *piqué.* Maître d'école ? je l'ai été, monsieur, je m'en glorifie.... mais maintenant que j'ai l'honneur d'être conseiller de Son Altesse.

MARINI. Conseiller !

MAITRE HUGUO. Oui, monsieur.

MARINI. Allons donc, vous ne l'êtes que de ma façon.

MAITRE HUGUO. De votre façon ?

MARINI. Je me suis moqué de vous.

MAITRE HUGUO. En vérité !

MARINI. Et pour vous le prouver.... (*A l'officier.*) Monsieur l'officier, au nom de son excellence, que l'on mette ce fou à la porte du palais.

PAOLA. O ciel !

MAITRE HUGUO. Ah ! c'en est trop ! (*A l'officier.*) Monsieur l'officier, au nom de Son Altesse, que l'on s'empare de cet impertinent.

MARINI, *riant.* Ah ! ah ! il a perdu la tête. (*Aux hommes qui viennent pour l'arrêter.*) Hein ! qu'est-ce que vous faites donc ?

L'OFFICIER. Ce sont les ordres du prince... nous devons obéir à monsieur comme à lui-même.

MARINI. Comme à lui-même ?

PAOLA. Il serait possible !

MAITRE HUGUO, *se frottant les mains* Ah ! ah ! M. le secrétaire, ça vous déroute... non , je ne suis rien... on s'est moqué de moi.

MARINI , *confondu.* Pour le coup !

L'OFFICIER, *à maître Huguo.* Que faut-il faire du prisonnier ?

MAITRE HUGUO, *gravement.* Le conduire dans une salle écartée et l'y garder à vue; car tout ça m'a l'air d'une conspiration.

MARINI , *partant d'un éclat de rire.* Ah ! ah ! ah ! c'est trop drôle... très-bien débuté. mon digne conseiller ! renverser ses amis !.. vous irez loin... Au surplus, que le marquis s'en tire maintenant comme il l'entendra.

(Il sort, escorté de l'officier et deux hommes.)

(1) Maître Hugno, Paola, Marini.

SCÈNE XIII.

MAITRE HUGUO, PAOLA.

MAITRE HUGUO. A-t-on jamais vu un pareil effronté!... je l'envoie en prison avec tous les égards, et il me rit au nez... Il y a des gens qui ne vous tiennent compte de rien. (*A Paola.*) Ma pauvre Paola, c'est toi,.. et pourquoi voulait-il donc t'emmener?

PAOLA. Je l'ignore; et cependant je tremble malgré moi... Tout ce qui m'arrive depuis hier me paraît incompréhensible.

MAITRE HUGUO. Comment?

PAOLA. Je ne sais... mais je suis sûre qu'un danger me menace... Au moment de parvenir jusqu'au prince, tout semble se réunir pour m'en éloigner... J'y pense maintenant... peut-être que Frédéric appartenait à quelque grande famille.

MAITRE HUGUO. Quelle idée!.. Du reste, il est facile de s'en assurer... ton contrat de mariage...

PAOLA. Je vous l'ai remis hier.

MAITRE HUGUO, *cherchant.* Je sais bien; mais je n'ai pas eu le temps de lire.... (*L'ouvrant.*) C'est très heureux au moins d'avoir cette pièce-là, parce qu'avec elle nous sommes sûrs d'arriver à.,. (*Le regardant.*) Ah! mon Dieu! nous ne sommes sûrs de rien... cet acte est faux.

PAOLA, *avec effroi.* Que dites-vous?

MAITRE HUGUO. Je ne puis en douter; les formes les plus simples n'ont pas été remplies.

PAOLA. C'est pourtant bien celui que l'on m'a fait signer... voilà mon nom... celui de Frédéric...

MAITRE HUGUO. N'importe! cela n'a pas été dressé par un prêtre... il ne faut qu'y jeter les yeux...

PAOLA, *se cachant la figure.* Ah! malheureuse!

MAITRE HUGUO, *avec âme.* Quel complot infernal! déshonorer mon pauvre frère!.. Calme-toi, Paola, calme-toi, ma fille... tu ne m'en es que plus chère; je vais te conduire aux pieds du prince...

PAOLA. Moi, mon oncle?

MAITRE HUGUO. Il est juste, il est bon; il saura découvrir les coupables.

PAOLA. Mon oncle, vous me faites trembler!

MAITRE HUGUO. Sois tranquille, nous sommes très bien ensemble; justement le voici.

PAOLA, *se retirant de côté.* Le prince!

MAITRE HUGUO. Tiens-toi là.

SCÈNE XIV.

LE PRINCE, MAITRE HUGUO. PAOLA
de côté et les yeux baissés (1).

LE PRINCE, *à lui-même.* Je ne puis rester en place... je doute... ce que m'a dit cet homme... (*Il aperçoit maître Huguo.*) C'est vous que je cherche.

MAITRE HUGUO, *avec empressement.* Moi aussi, monseigneur.

LE PRINCE. J'ai à vous parler.

MAITRE HUGUO. Moi aussi, monseigneur, et d'une chose qui ne souffre ni retard ni délai.

LE PRINCE. De quoi donc?

MAITRE HUGUO, *faisant signe à Paola de s'approcher.* D'une jeune fille bien malheureuse, bien intéressante... (*A Paola.*) Venez.

LE PRINCE, *souriant.* Une jeune fille!.. Il se mêle de tout.

PAOLA, *se jetant aux genoux du prince.* Oui, monseigneur, c'est à vos pieds que j'ose demander justice,.. (*Elle lève les yeux et le reconnaît.*) Ah! grands dieux!.. Est-ce un songe?

LE PRINCE, *de même.* Cette voix...

PAOLA. Frédéric!

MAITRE HUGUO, *joignant les mains.* Frédéric!.. Comment, Frédéric mort sous les murs de Gaëte?

LE PRINCE, *courant à elle.* Est-il bien vrai?

PAOLA, *avec amour.* Oui, le voilà celui que je pleurais sans cesse, et dont l'amour fut tout mon bien. (*S'arrêtant confuse.*) Ah! pardon... j'oubliais... le Prince!.. (*Avec désespoir.*) On m'a trompée... on m'a perdue...

MAITRE HUGUO, *accablé.* Je devine tout.

LE PRINCE. Elle pâlit... elle chancelle... (*La soutenant.*) Ah! malheureux! Revenez à vous, Paola, et ne m'accablez pas... Le ciel m'est témoin que l'idée seule de votre mort empoisonnait mon existence.

MAITRE HUGUO. Sa mort!.. elle aussi... ah ça! ils étaient donc tous...

LE PRINCE. Et cependant, vous l'avouerais-je. (*En hésitant.*) Esclave de mon rang;

(2) Le prince, maître Huguo, Paola.

de mon nom... Dans ce moment où je suis si heureux de vous revoir... (*Baissant les yeux.*) Ce n'est qu'en tremblaut que j'ose lever les yeux.

PAOLA. *le regardant avec douceur.* J'entends, et je bénis mon sort...moi, du moins, monseigneur, je puis vous regarder sans rougir.

LE PRINCE, *vivement.* Mais je puis vous faire oublier ma faute...et des titres, des richesses...

MAITRE HUGUO, *amèrement.* Des richesses !. oui, c'est l'usage ! ici tout s'estime au poids de l'or!.. Tromper une jeune fille, déshonorer un vieillard...c'est si peu de chose!..Qu'importe!..ils sont pauvres, inconnus. personne ne prendra leur défense...d'ailleurs tout se répare avec de l'argent...même un crime.

LE PRINCE . *offensé.* Qu'osez-vous dire?

MAITRE HUGUO, *avec force et passant entre Paola et le prince.* Oui, un crime, car elle n'avait plus son père pour la défendre... et ce père, dont vous avez flétri la mémoire, il était soldat, gentilhomme comme vous.

AIR : C'était Renaud de Montauban.

Il n'a jamais trahi sa foi,
Et quoiqu'issu d'une grande famille,
Il ne pensait pas, croyez moi,
Que son nom seul dût ennoblir sa fille.
C'est de son sang versé dans les combats,
C'est de son sang, sa dernière richesse,
Qu'il paya cette autre noblesse,
Que le hazard ne donne pas.

LE PRINCE. C'en est trop...

MAITRE HUGUO. Pardon, j'ai le droit de parler...Je suis libre maintenant : car dès ce moment je renonce aux honneurs, aux avantages de ma place, et je vous prie, monseigneur, d'accepter ma démission.

LE PRINCE. Votre démission!... Qui donc êtes-vous, vous qui vous êtes introduit près de moi sous une qualité...

MAITRE HUGUO. Qui n'était pas la mienne, c'est possible...car je commence a croire que jusqu'ici j'ai servi de jouet à tout le monde...(*avec noblesse*) mais je ne le serai pas plus longtemps.

LE PRINCE, *avec impatience.* Enfin, qui êtes-vous donc !

PAOLA, .*dans ses bras.* Mon oncle.

MAITRE HUGUO, *avec dignité, montrant Paola.* Son second père...le dernier appui qui lui reste...et si tout autre se fût rendu coupable de son déshonneur, c'est à vous que je serais venu demander compte ma fille.

LE PRINCE, *confus.* Qu'entends-je !

MAITRE HUGUO, *continuant.* Je vous aurais dit, armé de cette preuve accablante... (*Montrant le contrat qu'il tient à la main.*) « Un de vos grands...un homme qui se croit au dessus des lois, de ces lois que vous-même nous avez données a lâchement abusé de l'amour d'un enfant... Il savait que plus tard son orgueil rougirait à la seule pensée d'une telle alliance, et pour satisfaire sa passion, il n'a pas craint de se jouer des nœuds les plus saints ; de supposer un mariage. un prêtre, un faux contrat...(*le montrant*) voilà sa main... Regardez, mon prince, et jugez-le. »

LE PRINCE, *jetant les yeux sur le contrat.* Qu'ai-je vu...cet acte est entre vos mains!

MAITRE HUGUO. Ne craignez rien...nous n'achèterons jamais notre bonheur par une bassesse!

(Il le déchire.)

LE PRINCE. Que faites-vous ?

MAITRE HUGUO, *froidement.* Je le déchire; vous seriez obligé de punir le coupable.

PAOLA. *dans les bras de son oncle.* Mon oncle, vous m'avez prévenue. (*On entend la musique dans l'éloignement.*) Maintenant, éloignons-nous...ces fêtes, ces plaisirs ne sont pas faits pour moi...ils briseraient mon âme. (*A Frédéric.*) Adieu, soyez heureux !

LE PRINCE, *vivement.* Non, non, vous ne me quitterez pas ainsi...Restez, je vous en conjure.

TOUS DEUX. Comment?

LE PRINCE. On vient ! restez, je le veux, je l'ordonne...C'est à mon tour de me venger.

◦◦◦ ◦◦◦ ◦◦◦ ◦◦◦ ◦◦◦ ◦◦◦ ◦◦◦ ◦◦◦ ◦◦◦ ◦◦◦ ◦◦◦ ◦◦◦ ◦◦◦ ◦◦◦

SCÈNE XV.

LES MÊMES, LE MARQUIS, SEIGNEURS ET DAMES DE LA COUR (1).

LE MARQUIS, *au fond.* Je vais prévenir Son Altesse. (*L'apercevant.*) Chut!..il est avec son bouffon...le plus drôle de corps... vous allez voir comme il est amusant.

LE PRINCE, *se retournant et masquant Paola.* Que voulez-vous?

LE MARQUIS. Pardon...Que vois-je !.. Son Altesse émue!..(*A maitre Huguo.*) Morbleu, monsieur le drôle, est-ce ainsi

____

(1) Maitre Huguo, Marini, le prince, Paola.

que vous remplissez votre charge?.. au lieu de faire rire le prince...

MAITRE HUGUO. Faire rire le prince!.. Ah! ça, pour qui me prend-on, s'il vous plaît?

LE MARQUIS. Eh! mais, pour le bouffon de la cour.

MAITRE HUGUO, *suffoqué*. Le bouffon!.. moi!.. Quelle insulte!.. Je vous demande un peu si j'ai la figure d'un......baladin!

LE PRINCE, *faisant un pas et découvrant Paola qui est près de lui, immobile et les yeux baissés.* Silence!

LE MARQUIS, *à part.* Paola, encore ici!.. C'est fait de moi!

LE PRINCE, *au marquis.* Que veniez-vous m'apprendre?

LE MARQUIS, *avec embarras.* Que toute la cour est réunie dans la salle du concert... et que l'on n'attend plus que son Altesse.

LE PRINCE, *lentement.* C'est bien...précédez-nous, marquis...(*Donnant la main à Paola.*) Et annoncez vous-même...la duchesse de Ferrare?

TOUS. La duchesse de Ferrare!

CHOEUR.

Air de Fra Diavolo.

Qu'ai-je entendu! Quoi Son Altesse
Vient donc enfin de faire un choix;
Vive à jamais notre duchesse,
A notre amour elle a des droits!

MAITRE HUGUO. Quoi! mon prince?

PAOLA. Qu'allez-vous faire?

LE PRINCE. Mon devoir et mon bonheur. Oui, Paola, oui, messieurs, je rends hommage à la vertu la plus pure...à la fille d'un de mes plus braves officiers. J'acquitte une dette sacrée, et si je pouvais hésiter un instant, je ne serais plus digne d'être votre souverain. (*A ses courtisans.*) Du reste, messieurs, que celui d'entre vous qui désapprouve mon choix, s'éloigne...je n'ai plus besoin de ses services.

TOUS, *avec empressement.* Ah! monseigneur!

LE PRINCE, *à maître Huguo.* Quant à vous, mon digne conseiller, vous resterez toujours près de moi; vous serez mon guide, mon ami...et cette place-là, du moins, vous ne la perdrez jamais.

MAITRE HUGUO, *troublé.* Ah! monseigneur!..(*A part.*) Qu'est-ce que va dire Suzanne?..Oncle d'un souverain! et des petits princes qui seront mes neveux!.. je leur apprendrai à lire moi-même.

CHOEUR GÉNÉRAL.

Même Air.

Gloire éternelle à son altesse!
Célébrons tous un si beau choix;
Vive à jamais notre duchesse!
Sur tous les cœurs elle a des droits!

FIN.

Imprimerie de Madame DE LACOMBE, faubourg Poissonnière, 1.

TABLE DES PIÈCES.